Bremen

Der »Roland«

BREMEN

Ein Portrait
A Portrait
Un Retrato
Un Portrait

Edition Temmen

Bibliografische Information
Der Deutschen Bibliothek

Die Deutsche Bibliothek verzeichnet diese Publikation in der Deutschen Nationalbibliografie; detaillierte bibliografische Daten sind im Internet über http://dnb.ddb.de abrufbar.

6. Auflage 2006

Bildnachweis
Michael Bahlo: 18, 28, 42, 43
Flughafen Pressestelle: 56
Detlef Ihleateldt: 37
Lothar Klimek: 22, 23, 62, 63
Lutz Liffers: 2, 14, 26, 30, 36
Peter Meyer: 13, 21, 24, 25, 27, 38, 47, 57, 58, 59, 64
Jochen Mönch: 55
Kai Nietfeld: 19, 44
Jürgen Nogai: 11, 12, 15, 20, 36, 46, 48, 49, 50, 54, 60, 61, Titelbild
Ulrich Perrey: 31, 51
Detmar Schmoll: 10, 16, 17, 40
Torsten Taubhorn: 9, 32, 33, 34, 35, 39, 41, 52, 53
Horst Temmen: 29
Universum: 45

Übersetzung
Helmut P. Einfalt (engl.)
Andrés Moreno (span.)
Brigitte Schoen (frz.)

28209 Bremen
Hohenlohestr. 21
Tel. 0421-34843-0
Fax 0421-348094
info@edition-temmen.de
www.edition-temmen.de

ISBN 3-86108-439-2

BREMEN

Ein Portrait

Bremen ist steinreich

Besucher, die durch die Altstadt Bremens schlendern, erleben eine Stadt mit prachtvollen Fassaden und eindrucksvoller Architektur. Tatsächlich ist die Hansestadt an der Weser reich an historisch und künstlerisch wertvollen Baudenkmalen, allen voran das gotische Rathaus mit seiner Renaissance-Fassade, der Dom in seiner Formenvielfalt von der Romanik bis zum Barock und der liebevoll restaurierte Schnoor, der einen Eindruck vom Stadtbild des ehemals mittelalterlichen Bremens gibt. Bremen bietet aber auch eindrucksvolle moderne Architektur: An prominenter Stelle ist das Haus der Bürgerschaft, das der klassischen Moderne verpflichtet ist, ebenso zu nennen wie das Kongreßzentrum, ein Kind der Postmoderne.

A Portrait

A wealth in monuments

Visitors strolling through Bremen's old city will meet a city full of gorgeous facades and impressive architecture. In fact, the old Hanseatic City of Bremen hosts numerous buildings of historical and artistic importance such as the medieval City Hall with its Renaissance exterior, the Cathedral in its mixture of styles from Romanesque to Baroque, or the Schnoor quarter that gives an impression of what Bremen looked like in the late Middle Ages. But there are fascinating examples of modern architecture as well: Doubtless the State Parliament (Haus der Bürgerschaft), a stately example of classical modernism, takes the most prominent place, but the post-modernist Congress Centre is worth a visit, too.

Un Retrato

Bremen es muy rico

Los visitantes que caminen por el casco antiguo de bremen, experimentarán una ciudad llena de fachadas lujosas y una impresionante arquitectura. Esta antigua ciudad hanseática junto al río Weser tiene monumentos arquitectónicos en abundancia empezando por el Ayuntamiento en estilo gótico, con su fachada de la época del renacimiento, la catedral con su cantidad de estilos diferentes, del romanticismo al barroco y el »Schnoor« la parte más antigua de esta ciudad, restaurado con mucho corazón y artesanía. Estas tres partes les darán una impresión de lo que era el rostro de Bremen en la Edad Media. Pero Bremen tambien les ofrece arquitectura moderna de alta calidad: habrá que mencionar en primer lugar el Parlamento (Haus der Bürgerschaft) construido en un estilo moderno clásico y luego el Centro de Congresos, típico de la postmodernidad.

Un Portrait

Brême, ville riche

Le visiteur qui flâne dans la vieille ville de Brême peut se réjouir d'une ville aux façades magnifiques et d'une architecture impressionante. En effet, la ville hanséatique sur les bords de la Weser est riche en monuments de grande valeur historique et artistique, en premier lieu, l'Hôtel de Ville gothique avec sa façade de la Renaissance, la Cathédrale avec ses éléments datant de la période romane jusqu'au temps baroque et le Schnoor restauré transmet une impression de Brême au Moyen-Age. Mais Brême offre également une architecture moderne impressionante. Notamment il faut citer le »Parlement« (Haus der Bürgerschaft) représentant les années cinquante, ainsi que le Palais des Congrès (Kongresszentrum), issue de la postmoderne.

Bremen ist unabhängig

»Vryheit do ik ju openbar« steht auf dem Schild des steinernen Rolands geschrieben. Solange der Roland vor dem Rathaus wacht, so heißt es, solange ist Bremen frei. Seit dem Jahr 1404 gilt die-

Bremen is independent

»Freedom I do announce you« is what the inscription on the shield of the Roland's Column says. As long as the figure is on guard in front of City Hall, they say, the City will be independent. And it

Bremen es independiente

»Vryheit do ik ju openbar« (La libertad yo os anuncio) se puede leer en grandes letras en el escudo del monumento de Rolando. Dicen que mientras Rolando esté de guardia frente al Ayuntamiento,

Brême est independant

»Vryheit do ik ju openbar« (je suis le garant de votre liberté) est écrit sur le bouclier du Roland en pierres. Tant que le Roland monte la garde devant l'Hôtel de Ville, on prétend que Brême est libre.

se Regel nun schon. Heute ist Bremen immer noch ein unabhängiges Bundesland, das kleinste der Bundesrepublik. In der Freien Hansestadt Bremen heißt die Landesregierung Senat und tagt im Rathaus. Die Bürgerschaft, der Landtag, tagt, nachdem sie über Jahrzehnte keine eigenen Räumlichkeiten hatte, seit den 60er Jahren im neu errichteten Parlamentsgebäude, dem Haus der Bürgerschaft.

is since 1404 that the Bremeners rely on the old saying. To the present day Bremen is an – albeit small – independent Federal State of Germany. In this Free Hanseatic City the State Government is called the Senate. It has its meetings at the City Hall, while the Parliament – called »Bürgerschaft«, i.e., The Citizenry, assembles at the modern House of Parliament built in the 1960s.

Bremen será libre. Esta regla ha existido durante siglos, desde el año 1404. Hoy Bremen sigue siendo un »Land« independiente, el más pequeño de la República Federal. En Bremen, ciudad hanseática libre, el gobierno se llama senado y se reúne en junta en el Ayuntamiento. La Cámara de Diputados, el así llamado »Landtag«, se convoca – habiendo carecido de lugar por décadas – en el nuevo edificio del parlamento,construido en los años '60, la »Casa de los Diputados«.

Durant des siècles, depuis l'année 1404 – cette règle est valable. Aujourd'hui Brême est toujours un »Land« indépendant, le plus petit de la Fédération allemande. A Brême, ville libre de la Hanse le gouvernement du Pays est le Sénat et il siège dans l'Hôtel de Ville. Les représentants des citoyens, le Parlement, siège après des dizaines d'années sans locaux propres à eux, depuis les années 60, dans le bâtiment nouveau du Parlement (Haus der Bürgerschaft).

Bremen ist international

Bereits 1796 war in Bremen ein amerikanisches Konsulat gegründet worden – das erste der Neuen Welt auf dem alten Kontinent. 1847 hatte das amerikanische Postschiff »Washington« Bremerhaven erreicht. Es begründete den Linienverkehr Bremen–New York. Der Schriftzug »New York–Bremen« prangt auf alten Plakaten des Norddeutschen Lloyds, der stolzen Bremer Großreederei. Bremen und Bremerhaven waren über Jahrhunderte das Tor Europas nach Amerika: Millionen europäischer Auswanderer schifften sich hier ein, um in Amerika ihr Glück zu suchen. Und die Bremer Kaufleute importierten auf dem Rückweg Rohstoffe – vor allem Kaffee und Baumwolle, für die Bremen über viele Jahrzehnte der wichtigste Umschlagplatz Europas war.

Bremen is international

As early as 1796, a Consulate of the United States of America was opened in Bremen. It was the first consulate of the New World on the old continent. With the arrival of the US Mail ship »Washington« at Bremerhaven in 1847, the regular service Bremen–New York was opened. And »New York–Bremen« remained the main line shown on the colourful posters of the Norddeutscher Lloyd, Bremens' proud and huge shipping line. For centuries, Bremen and Bremerhaven were Europe's port to the Americas: Millions of emigrants set out to find their luck overseas. On the home voyage, the ships supplied Bremen's merchants with goods. For decades, Bremen became Europe's most important trading place for coffee and cotton.

Bremen es internacional

Ya en el año 1796 se estableció un consulado de los Estados Unidos en Bremen – el primero del »Mundo Nuevo« en el continente antiguo. En 1847 el barco de correo estadounidense »Washington« llegó a Bremerhaven. Así empezó el tráfico de línea entre Bremen y Nueva York. En viejos carteles del Lloyd del norte de Alemania, la grande y orgullosa compañía naviera bremense se leía en grandes letras »New York – Bremen«. Durante siglos Bremen y Bremerhaven eran el portal de Europa a América: millones de emigrantes europeos embarcaban aquí, esperando encontrar una vida mejor en América. A la vez los comerciantes bremenses traían materia prima en su camino de vuelta a Bremen – en primer lugar café y algodón – lo que hizo de Bremen el emporio europeo más importante por muchas décadas.

Brême est international

Déjà en 1796, un Consulat américain a été fondé à Brême – le premier du Nouveau Monde sur le Vieux Continent. En 1847, le paquebot postal américain, le »Washington« avait atteint Bremerhaven et la ligne Brême–New-York fut fondée. La parafe »New-York – Brême« brilla sur les vieilles affiches du »Norddeutscher Lloyd«, de la fière Société d'Armateurs de Brême. Durant des siècles Brême et Bremerhaven étaient »la Porte d'Europe« vers l'Amérique: des millions d'émigrés européens embarquaient d'ici pour chercher fortune en Amérique. Et les commerçants de Brême importaient sur leur chemin de retour des matières premières – surtout le café et le coton pour lesquels Brême était le plus grand centre d'embarquement et de déchargement d'Europe.

Bremen ist beschaulich

Bremen nimmt Besucher sofort mit dem Charme seiner gründerzeitlichen Reihenhäuser ein. Nichts scheint zu groß geraten, und zu Fuß oder mit dem Fahrrad läßt sich die Stadt leicht erkunden. »Ein Dorf mit Straßenbahn« nennen Bremer mitunter liebevoll spöttelnd ihre Heimatstadt. Und tatsächlich haben die einzelnen Stadtteile und Quartiere, bei allen strukturellen Problemen, ihr eigenes soziales und kulturelles Leben entwickelt. Die Bremer fühlen sich wohl, und die Überschaubarkeit der Stadt macht ihren Bewohnern Mut, sich für ihre Belange einzusetzen.

Bremen is contemplative

The charm of Bremen's Victorian houses will not fail to capture the city's visitors. Nothing seems to be too huge, and it is easy to explore the city by walking or cycling. »A village with a tram« is how the locals sometimes describe their city. And indeed, the various quarters and parts of Bremen have developed their own social and cultural structures and identities regardless of all the existing structural problems. The city's handy size makes the Bremeners feel comfortable and encourages their activities in urban matters.

Bremen es atractivo

Al visitante Bremen se lo gana enseguida con sus encantadoras casas de la »Gründerzeit« (1880–1900). La ciudad no da la impresión de ser demasiado grande, y se puede recorrer fácilmente a pie o en bicicleta. »Un pueblo con tranvía«, llaman los bremenses a su ciudad con tierna ironía. Y es cierto, los diferentes barrios han desarrollado su propia vida cultural y social.
Los bremenses se sienten muy bien en su ciudad, y su tamaño les permite una fácil orientación, tanto geográfica como sociocultural, lo que les sirve de estímulo para moverse por sus intereses.

Brême est contemplatif

Brême conquiert dès l'abord ses visiteurs par le charme de ses maisons construites en série à l'époque des folles spéculations. Tout semble bien réussi, ni trop grand, ni trop petit, et à pieds ou à vélo, on peut facilement explorer la ville. »Un village avec tramway«, c'est ainsi que les Brémois surnomment leur ville avec tendre ironie. Et, en effet, chaque quartier a pu développer malgré ses problèmes structurels, sa propre vie sociale et culturelle. Les Brémois se sentent à l'aise et la bonne claire disposition de leur ville encourage les habitants de s'engager pour leurs problèmes d'importance.

Bremen ist modern

Einige Daten aus der Geschichte der Hansestadt verdeutlichen, daß sich die Bremer nicht mit dem in der Vergangenheit Erreichten zufrieden gaben. 1906 erfand Ludwig Roselius den entkoffeinierten Kaffee. Das Patent machte ihn reich. 1928 wurde bei der AG »Weser« die »Bremen IV« gebaut, das damals schnellste und wohl auch schönste Schiff auf dem Atlantik. 1937 bauten Henrich Fokke, Bremer Flugzeugpionier, und Gerd Achgelis, mehrfacher Kunstflugweltmeister, die ersten Hubschrauber der Welt in Serie. Die Familie Melchers kontrollierte von ihren Kontoren aus lange Zeit den China-Handel. Die Familie Lahusen beherrschte in den

Bremen is modern

A few data from the history of the Hanseatic City underline that the Bremeners would never content themselves with past achievements. In 1906, Ludwig Roselius invented decaffeinated coffee – the patent made him rich. In 1928, the »Bremen IV« was built at A.G. »Weser« shipyards, then the fastest and maybe the most beautiful vessel on the Atlantic ocean. In 1937, the Bremen aviation pioneer Heinrich Focke and his companion Gerd Achgelis who had won several aerobatics championships started the world's first serial production of helicopters. The Melchers family controlled the China trade from their Bremen offices over a long period. The

Bremen es moderno

Algunas fechas de la historia muestran que los bremenses nunca se quedaron contentos con lo alcanzado en el pasado. En 1906 Ludwig Roselius inventó el café descafeinado; la patente de invención le hizo rico. En 1928 en el astillero S.A. »Weser«, se construyó el barco »Bremen IV«, en su tiempo el barco más rápido y supuestamente tambien el más lindo del Atlántico. En 1937, Henrich Focke, pionero bremense en la construcción de aviones, y Gerd Achgelis, campeón múltiple de acrobacia aérea realizaron la primera fabricación en serie de helicópteros. La familia Melchers dominó desde sus factorías durante mucho tiempo el comercio

Brême est moderne

C'est à la vue de certaines dates historiques de la ville hanséatique, qu'il apparaît que les gens de Brême ne se contentent jamais de ce qu'ils ont réussi dans le passé. C'est en 1906 que Ludwig Roselius inventa le café décaféiné. Ce brevet lui apporta la fortune. En 1828 la S.A. »Weser« construit la »Bremen IV«, dans son temps, le bateau le plus rapide et aussi le plus beau sur l'Atlantique. En 1937, Heinrich Focke, pionnier d'aviation de Brême et Gerd Achgelis, champion du monde à plusieures reprises de vol acrobatique, construirent les premiers hélicoptères du monde en série.
La famille Melchers contrôlait, en partant de leurs bureaux, pendant

20er Jahren mit der »Norddeutschen Wollkämmerei und Kammgarnspinnerei« ein Viertel des Wolle-Weltmarktes. Auch heute noch sind Bremer innovativ. In der Hansestadt werden Satelliten und Weltraumlabore gebaut. Im sogenannten Fallturm, der unweit der Bremer Universität errichtet wurde, finden Experimente mit der Schwerelosigkeit statt. Eine zweite, vergleichbare Einrichtung gibt es nur in Japan.

Lahusen family, on the other hand, owned the North German Wool and Worsted Mill serving 25 percent of the world wool market. Even today, the Bremeners are innovative. Space laboratories and satellites are built in the Hanseatic City. The so-called »Fall Tower« near Bremen University serves for experiments at zero gravity conditions, the only comparable plant being in Japan.

con China. La familia Lahusen controló la cuarta parte del mercado mundial de lanas en los años '20. Hoy en día los bremenses siguen siendo innovativos. En la ciudad hanseática se construyen satélites y laboratorios espaciales. En el así llamado Fallturm, construido cerca de la Universidad, se realizan experimentos con la ingravidez. Existe sólo una instalación comparable, en Japón.

longtemps le commerce avec la Chine. La famille Lahusen dominait dans les années 20 un quart du commerce mondial de la laine avec la »Norddeutsche Wollkämmerei« (industrie lainière du Nord). Encore aujourd'hui, les Brêmois ont le goût du nouveau. Dans la ville hanséatique ont été construit des satellites et des laboratoires de l'espace. Dans le »Fallturm« (tour de chute libre) à proximité de l'Université de Brême, on fait des expériences de la gravité. Une deuxième installation comparable de cette envergure ne se trouve qu'au Japon.

Bremen lebt

In den Stadtteilen zeigt Bremen sein lebendigstes Gesicht: Umzüge, Stadtteilfeste, Sport- und Kulturveranstaltungen vom Internationalen Jazzfestival bis zum Theaterspektakel unter freiem Himmel zeigen ein Gesicht der Hansestadt, das mancher Besucher den Norddeutschen nicht zugetraut hätte. Im Sommer finden sich die Bremer an der Weser wieder: An den Sandstränden wird gesonnt und es darf auch wieder gebadet werden. In unzähligen Cafés und Biergärten am Fluß sitzt man zusammen und genießt das Leben in dieser Stadt.

Bremen is lively

It is in its living quarters that Bremen reveals its most lively aspects: Festivals, sports and cultural events from international jazz festivals to open-air theatre events show a facet of urban life that many a visitor would not have expected to find with the seemingly cool and reticent Northern Germans. In the summer, the Bremeners meet on the banks of the Weser River. They enjoy the sun on the sandy beaches – even swimming in the river is possible – and the calm atmosphere at the numerous cafes and beer gardens.

Bremen es vital

En los barrios Bremen muestra su aspecto más vivaz: desfiles, fiestas barriales, eventos deportivos y culturales, desde un festival internacional de jazz hasta funciones de teatro al aire libre; cosas que muchos visitantes no hubieran esperado de los »frios« alemanes del norte. En verano al bremense se lo encuentra en las orillas del río Weser: en las playas la gente se solea y está permitido bañarse otra vez, cosa que se había prohibido por la contaminación. En los bares y cafés, que se encuentran en abundancia al lado del río, la gente se divierte.

Brême est vivant

Dans ses quartiers, Brême montre son côté vivant: des défilés, des fêtes de quartiers, des manifestations de sport et culturelles, comme le Festival de Jazz international et le théatre sous ciel ouvert montrent une face de la ville hanséatique, que maint visiteur n'aurait attendu des habitants du Nord. L'été, les Brêmois se retrouvent sur les bords de la Weser: on se dore au soleil et les baignades sont de nouveau permises. Dans les cafés et les jardins-restaurants tout au long du fleuve, on jouit ensemble de la vie dans cette ville.

Bremen – Stadt am Fluß.

Bremen is a city on the river.

Bremen es una ciudad a orillas de un río.

Brême est une ville située sur les bords d'une rivière.

Die Altstadt – vom Wall umgeben.

The city-centre surrounded by the former fortifications and moats.

El casco antiguo – rodeado por el foso.

La cité entourée par le »Wall«.

Blick vom Wasserturm auf die Altstadt.

The City seen from the water reservoir.

Vista desde el depósito de agua al casco antiguo.

Vue du Château d'Eau sur la vieille ville.

Der Marktplatz mit Rathaus und Dom, die repräsentativen Bauten der einflußreichsten Gruppen im mittelalterlichen Bremen: Kirche und Kaufmannschaft.

Market Square with the City Hall and the Cathedral, two buildings representing the most influential groups in medieval Bremen: The Church and the trade.

La Plaza del Mercado con el Ayuntamiento y la Catedral, monumentos representativos de las agrupaciónes más influyentes en el Bremen de la Edad Media, el clero y los comerciantes.

La Place du Marché avec l'Hôtel de Ville et la Cathédrale, les édifices les plus représentatifs des groupements les plus puissants de Brême au temps médiéval: l'Eglise et le Commerce.

Zwischen 1405 und 1410 entstand unmittelbar neben dem Dom das gotische Rathaus. Auf dem Höhepunkt ihrer Macht schmückten die Bürger ihr Rathaus mit der prachtvollen Renaissance-Fassade Lüder von Bentheims (1605–12)

Between 1405 and 1410, the medieval City Hall was built right beside the cathedral. When their power was at its highest, the citizens had the architect Lüder von Bentheim adorn City Hall with its gorgeous Renaissance facade (1605–12).

Entre 1405 y 1410 directamente al lado de la Catedral se construyó el Ayuntamiento. En el auge de su poder los burgueses adornaron el Ayuntamiento con la lujuriosa fachada de la época renacentista de Lüder von Bentheim (1605–12).

Entre 1405 et 1410, juste à coté de la Cathédrale, fut construit l'Hôtel de Ville gothique. Au sommet de leur pouvoir les Brêmois décoraient leur Hôtel de Ville de la somptueuse façade en style de la Renaissance de Lüder von Bentheim (1605–12)

Seit 1404 steht der Roland, Symbol städtischer Bürgerfreiheit, vor dem Rathaus. Seine »spitzen Knie« dienten den Händlern einst als Maßstab: Der Abstand beträgt eine Bremer Elle.

Since 1404, the Roland statue symbolizes the liberties of the community. Roland's »pointed knees« were once used for measuring: Their distance equalled one Bremish ell.

Desde 1404 Rolando, símbolo de la libertad ciudadana, está de pie frente al Ayuntamiento. Sus rodillas con puntas servían de medida a los comerciantes: la distancia entre ellas es una »Bremer Elle«, una medida de aproximadamente 83 cm.

Depuis 1404, le symbole de la liberté des citoyens, Roland, se dresse devant l'Hôtel de Ville. Ses »genoux pointus« servaient de mesure aux commerçants: la distance entre ses genoux représente une aune brêmoise.

Seit 1545 findet das Schaffermahl statt, an dem traditionell verdiente Kaufleute, Reeder und Kapitäne teilnehmen. Frauen sind von diesem »Brudermahl« in der Rathaushalle bis heute ausgeschlossen.

Since 1545 the Schaffermahl takes place every year in the Upper Hall of City Hall, a charity dinner including wealthy tradesmen, ship owners and captains. By the way, to the present day women are excluded from this social event.

Desde el año 1545 la sala superior del Ayuntamiento es el lugar donde se realiza el tradicional »Schaffermahl« un banquete en el cual participan comerciantes, navieros, y capitanes de gran mérito. Hasta hoy las mujeres están excluídas de este banquete.

Depuis 1545 dans la salle supérieure de l'Hôtel de Ville, c'est le »Schaffermahl« qui a lieu, auquel participent traditionellement des commerçants méritants, des armateurs et des capitaines. Jusqu'à nos jours, les femmes sont exclues de ce »Repas des Frères«.

Daß die alte Hanse ihre Ziele zur Not auch mit Waffengewalt durchsetzte, zeigen die Modelle von vier Kriegskoggen, die an der Decke der Oberen Rathaushalle angebracht sind. Die »Orlogschiffe« sind mit funktionsfähigen Miniaturkanonen ausgestattet.

If necessary, the Hanse pursued its goals even with military means – the four miniature armed vessels dangling from the ceiling of the Upper City Hall still remind of this fact. These model men-of-war are even equipped with functional miniature cannons.

Cuatro modelos reducidos de caravelas hanseáticas de guerra fijadas en el techo de la sala superior del Ayuntamiento demuestran que la Hansa tambien se sabía defender con la fuerza de las armas, si era necesario. Los modelos están equipados con cañones que pueden activarse.

La preuve que la vieille Hanse défendait – si besoin était – ses ambitions à l'aide de la force des armes est démontrée par quatre modèles de navires de guerre fixés au plafond de la salle supérieure de l'Hôtel de Ville. Ces navires de guerre sont équipés de canons miniatures en état de fonctionnement.

Die »Güldenkammer« ist die kleine Schmuckschatulle des Rathauses. Das Prunkportal wurde 1620 von zwei Bremer Meistern geschaffen, die Gestaltung der Güldenkammer im verspielten Jugendstil entwarf Heinrich Vogeler.

The »Güldenkammer« (Golden Chamber) is the gem of Bremen's City Hall. While the glamorous entrance carved by two Bremen craftsmen dates back to 1620, the Art Nouveau interior decoration was made by Heinrich Vogeler.

La »Güldenkammer« (gabinete de oro) es el pequeño tesoro del Ayuntamiento. El lujoso portal fue hecho en el año 1620 por dos maestros artesanales bremenses, el ornamento en estilo de Arte Nuevo por Heinrich Vogeler.

La »Güldenkammer« est le vrai petit bijou de l'Hôtel de Ville. Le portail somptueux a été créé en 1620 par deux »Maitres« Brêmois. L'intérieur en style »art nouveau« a été conçu par Heinrich Vogeler.

Das »köstliche und angenehme Fundament« des Rathauses ist der Ratskeller, in dem seit dem 15. Jahrhundert Wein ausgeschenkt wird.

The »delightful and most agreeable foundation« of City Hall is the famous Wine Cellar that has been serving and selling wines since the 15th century.

El »Ratskeller« es el delicioso y cómodo fundamento del Ayuntamiento« y sirve como bodega de vinos desde el siglo 15.

Le fondement exquis et agréable de l'Hôtel de Ville, c'est le »Ratskeller« où, dès le 15e siècle, le vin est servi.

In den zwölf Fässern des Apostelkellers lagern Weine aus dem 18. Jahrhundert, darunter der Rüdesheimer Apostelwein von 1727. Im Hintergrund das Faß mit dem ältesten Wein der Welt von 1653.

The twelve huge barrels in the Apostle Cellar preserve wines from the 18th century, among them a Rudesheim Apostelwein from 1727. The barrel in the background contains the world's oldest wine from 1653.

En las doce pipas del »Sótano de los Apóstoles« se guardan vinos del siglo 18, entre ellos el »Rüdesheimer Apostelwein« del año 1727 y un vino del año 1653.

Dans les 12 fûts de la »Cave des Apôtres« sont emmagasinés des vins du 18e siècle, entre autres le »Vin des Apôtres« de Rüdesheim de 1727. Le fût au fond contient du vin de 1635 le plus ancien du monde.

Der Weihnachtsmarkt vor dem Rathaus läßt erahnen, was die Bremer meinen, wenn sie ihren Marktplatz »die gute Stube« Bremens nennen.

The Christmas Market in front of City Hall gives an idea of why the Bremeners consider Market Square the showcase of Bremen's beauty.

El mercado navideño muestra muy bien lo que los bremenses quieren decir cuando llaman a su Plaza del mercador »el salón« de bremen.

Le marché de Noël par devant l'Hôtel de Ville fait comprendre pourquoi les Brêmois parlent de cette Place du Marché comme étant leur »Belle Chambre«.

Die Bremer entdeckten das Märchen von den Stadtmusikanten erst recht spät für ihre Stadt. Den vier Hausbesetzern setzten sie mit der Skulptur des Bauhaus-Künstlers Gerhard Marcks an der Westseite des Rathauses ein Denkmal.

It took quite a while ere the Bremeners adopted the tale of »The Town Band of Bremen« for their city. Near the Western facade of City Hall, however, the strange vocal quartet were given a monument by the Bauhaus sculptor Gerhard Marcks.

Los bremenses descubrieron relativamente tarde que el cuento »Los Músicos de Bremen« se podía usar muy bien para describir el nacimiento de la ciudad. La escultura del artista de la época del Bauhaus Gerhard Marcks en el lado oeste del Ayuntamiento, es un monumento en su honor.

C'est relativement tard que les Brêmois découvrirent le »Conte des musiciens de la Ville« pour leur cité. Avec la sculpture de Gerhard Marks (artiste du Bauhaus), ils ont placé un monument à ces quatre »squatters« du côté ouest de l'Hôtel de Ville.

Der St. Petri Dom entstand in seiner heutigen Form im Laufe mehrerer Jahrhunderte. Als letztes wurde zwischen 1502 und 1522 das gotische Nordschiff geschaffen.

St. Peter's Cathedral took several centuries before it grew into its present shape. The northern nave in ogival style was the last to be built between 1502 and 1522.

La catedral de San Pedro evolucionó su actual forma en el transcurso de varios siglos. Su sección más nueva es la nave norte construida entre 1502 y 1522 en estilo gótico.

La Cathédrale St. Pierre a pris sa forme actuelle au courant de plusieurs siècles. La nef gothique du nord fut construite entre 1502 et 1522.

Auf die romanischen Ursprünge des Doms verweist die Westkrypta von 1068 mit dem erzenen Taufbecken von 1230.

The Romanesque origins of the Cathedral are still visible in the Western Crypt of 1068. There you will find a metal baptismal font from 1230.

La cripta occidental de 1068 con su baptisterio de bronce de1230 demuestra el origen romanico de la Catedral.

Les origines romanes de la Cathédrale se font remarquer par la Crypte ouest de l'année 1068 avec les fonts baptismaux d'airain de 1230.

Dole

Auf dem Domshof findet täglich ein Wochenmarkt im Schatten der Domtürme statt.
1991 schuf der Bremer Künstler Waldemar Otto auf dem Domshof den Neptun-Brunnen. Der Meeresgott ragt mit erhobenem Dreizack auf seinem von zwei wilden Pferden gezogenen Wagen durch die aufschäumenden Meereswogen.

Domshof Square beneath the Cathedral's spires houses the daily market.
In 1991, Waldemar Otto created Neptune's Fountain on Domshof Square. The god of the seas brandishes his trident riding through the waves on his chariot pulled by two wild horses.

En la plaza de la catedral, a la sombra de sus dos torres, tiene lugar un mercado diario.
La fuente de Neptuno en la Plaza de la Catedral fué creada por el artista bremense Waldemar Otto en 1991. Sobre las bravas olas, el dios del mar se levanta con su tridente conduciendo un coche tirado por dos caballos.

Sur la Place de la Cathédrale se tient un marché quotidien à l'ombre des tours de la Cathédrale.
En 1991, l'artiste Brêmois Waldemar Otto créa, sur la Place de la Cathédrale, le puits de Neptune. Le Dieu de la Mer émerge de l'écume de mer avec son trident élevé, sur un chariot tiré par deux chevaux sauvages.

Das Parlamentsgebäude des Landes, das »Haus der Bürgerschaft«, wurde 1963–66 von dem Berliner Architekten Wassili Luckhardt gebaut: Ein der klassischen Moderne verpflichteter, brillant konzipierter Bau.

The House of Parliament, called the »House of The Citizenry«, was built 1963–66 by the Berlin architect Wassili Luckhardt – a brilliant example of modernism.

La casa de gobierno de este »Land«, la »Casa de los diputados« fué construida por un arquitecto de Berlin, Wassili Luckhardt, entre 1963 y 1966: un edificio perfectamente concebido, comprometido con el modernismo clasicista.

Le bâtiment du Parlement du pays, la Maison des Citoyens, fut construit en 1963–66 par l'architecte berlinois Wassili Luckhardt: un édifice brillament conçu.

Der Schütting gegenüber dem Rathaus ist ein weiterer Prachtbau aus der Renaissance. Den Bau ließen sich die Sprecher der Kaufmannschaft, die Elterleute, 1537/38 errichten, heute ist er Sitz der Handelskammer.

The »Schütting« facing City Hall is another representative building in Renaissance style. Originally built for the Traders' Guild's aldermen in 1537–38, today it is the Chamber of Commerce.

Otro ejemplo de monumentos del Renacimiento es el »Schütting« frente al Ayuntamiento. El edificio fué construido para los representantes de los comerciantes bremenses en 1537/38 , hoy es la sede de la Cámara de Comercio.

Le »Schütting«, vis-à-vis de l'Hôtel de Ville est un autre bâtiment somptueux de la Renaissance. Ce sont les parleurs des Commerçants, les »Elterleute«, qui ont fait construire pour eux ce bâtiment en 1537/38, où siêge aujourd'hui la Chambre de Commerce.

Die Stadtwaage ist eines der wenigen Gebäude aus der Renaissance, das nach dem Krieg wiederhergestellt werden konnte. Rathausbaumeister Lüder von Bentheim schuf den sechsstufigen Giebel.

The City Weighhouse is one of the few Renaissance buildings destroyed during World War II that could be restored. Its six-stepped gable was designed by the council's architect Lüder von Bentheim.

La Balanza Pública es uno de los pocos monumentos del Renacimiento que se pudieron reconstruir después de la guerra. El aguilón con seis escalones fué construido por el arquitecto consejal Lüder von Bentheim.

La balance publique est un des rares édifices de la Renaissance ayant pu être restauré après la guerre. L'architecte urbain Lüder von Bentheim en créa le pignon à six degrés.

Unweit vom Marktplatz thront »Der Lichtbringer« über dem Eingang zur Böttcherstraße. In den 20er Jahren ließ der Kaufmann und Industrielle Ludwig Roselius die heruntergekommene Straße zu einem pittoresken Gesamtkunstwerk umbauen.

Not far from Market Square, the »Carrier of Light« guards the entrance to Böttcherstrasse. In the 1920s, the merchant and industrialist Ludwig Roselius had the neglected lane rebuilt into a picturesque Gesamtkunstwerk.

Cerca de la Plaza del mercado el »Lichtbringer« (portador de la Luz) corona el portal de entrada de la calle de los barrileros, la Böttcherstraße. En los años '20 el comerciante e industrial Ludwig Roselius hizo reconstruir la calle en ruinas: toda una obra de arte.

Près de la Place du Marché, trône le »Porteur de lumière« au-dessus de l'entrée dans la Böttcherstrasse. L'industriel Ludwig Roselius fit modifier cette rue délabrée en un ensemble d'art pittoresque dans les années 20.

Neben Museen, Galerien, Kunst- und Buchläden beherbergt die Böttcherstraße auch Handwerker. Hier eine Glasbläserin bei ihrer filigranen Arbeit.

Besides museums, galleries, art and book shops, Böttcherstrasse also houses craftsmen. Here a glass-blower at her fragile work.

Además de museos, galerías, librerías y tiendas de objetos de arte tambien se encuentran artesanos en la calle Böttcher. Aquí se ve una sopladora de vidrio en su trabajo.

La Böttcherstrasse est bordée de Musées, de galeries d'art, de librairies, mais aussi d'ateliers artisanaux. Une femme-souffleur de verre exerçant son travail en filigrane.

1930 baute der Bildhauer Hoetger das Haus Atlantis in der Böttcherstraße: Eine bemerkenswerte Komposition aus Stahl, Glas und Beton. Schmuckstück ist der Himmelsaal, der Besuchern heute wieder zugänglich ist.

In 1930, the sculptor and architect Bernhard Hötger built Böttcherstrasse's Haus Atlantis, a remarkable composition of steel, glass and concrete. One of its gems is the so-called »Heaven's Hall«, now again accessible to the public.

La casa Atlantis fué construida por el escultor Hoetger en la calle Boettcher: una composición extraordinaria de acero, vidrio y concreto. La joya de esta casa es la sala celestial, hoy abierta al publico.

C'est en 1930 que le sculpteur Hoetger construit la maison »Atlantis« dans la Böttcherstrasse: il s'agit là d'une composition remarquable en acier, verre et beton. Le vrai bijou en est la salle céleste, qui, aujourd'hui est de nouveau ouvert au public.

Schröter's
Leib
& Seele
Schnoor 11
PLAKATE
RAHMUNGEN
Aïoli
BECK's
in'n
Snoor

Der »Schnoor« war einst das Wohnviertel der Fischer und Seeleute. Der Zweite Weltkrieg ließ den Schnoor fast unversehrt. Dennoch verfiel das Viertel zusehends. Ab 1959 wurde es gemeinsam mit den Bewohnern liebevoll nach alten Plänen restauriert.

The »Schnoor«, used to be fishermen's and sailers' quarter. World War II left the »Schnoor« almost untouched. Notwithstanding that, the quarter suffered from severe neglect, but after 1959 the area was restored to its old aspect in cooperation with its inhabitants.

Antes, el »Schnoor« era el barrio de los barqueros y de los pescadores. Aunque el barrio »Schnoor« salió casi ileso de la guerra, empezaba a desmoronarse. A partir del año 1959, con la ayuda de sus habitantes, el barrio fué renovado en base a los planes arquitectónicos antiguos.

Le »Schnoor« était autrefois le quartier des marins et des pêcheurs. Pendant la deuxième guerre mondiale le Schnoor est resté presque intact. Et pourtant le quartier se délabrait visiblement. A partir de 1959 il fut restauré d'après de vieux plans, avec les habitants du Schnoor.

Blick auf die Schlachte, den alten Stadthafen aus dem 12. Jahrhundert.
Von der Altstadt aus sind es nur wenige Schritte bis zur Weserpromenade, wo es sich herrlich am Wasser promenieren oder in der Sonne sitzen läßt.

A view of the »Schlachte«, the old city harbour from the 12th century. It takes only a few steps from the city to the Weser Promenade, where it is nice to walk along the Weser River's banks or just to rest in the sun.

Vista de la »Schlachte«, el antiguo puerto del siglo 12.
Desde el casco viejo hay sólo unos pocos pasos hasta el malecon del Weser, donde la gente goza de pasear o de sentarse al sol.

Vue sur la »Schlachte«, le vieux port du 12e siècle. Pour une promenade au soleil au bord de l'eau, les quais de la Weser ne sont qu'à deux pas du centre ville.

Vom Martini-Anleger starten mehrmals täglich Hafenrundfahrten.

St. Martin's pier is the starting point for harbour tours by boat.

Desde el embarcadero de Martini salen diariamente barcos a hacer recorridos por el puerto.

Des visites du port partent tous les jours de l'embarcadère de Martini.

Jeden Samstag findet direkt an der Weser ein großer Flohmarkt statt, der Hunderte von Neugierigen, Käufern und Händlern aus ganz Norddeutschland und den Nachbarländern Holland und Polen anlockt.

Every Saturday there is a large flea market directly on the river banks, attracting hundreds of buyers, sellers and lookers from Northern Germany and even from neighbouring Holland and Poland.

Todos los sabados se realiza al lado del Weser una gran feria que atrae a cientos de curiosos, compradores y comerciantes de todo el norte de Alemania y de los países vecinos Holanda y Polonia.

Chaque samedi, des milliers de curieux, d'acheteurs et de marchands de toute l'Allemagne du Nord et des pays voisins comme la Hollande et la Pologne, sont attirés par le grand Marché aux Puces tout au long des quais de la Weser.

Seit 1987 findet im Frühjahr an der Weser am Osterdeich die Breminale statt, ein buntes Kulturspektakel, das über 150.000 Besucher anlockt.

Since 1987, the *Breminale*, a culture festival on the banks of Weser River, attracts over 150.000 spectators.

La *Breminale* es un espectáculo cultural visitado por 150.000 personas cada año. Se realiza desde 1987 en primavera en el Osterdeich, el dique de la ribera oriental.

Depuis l'année 1987 sur le Osterdeich au bord de la Weser au printemps, près de 150.000 visiteurs se retrouvent lors du festival culturel, la *Breminale*.

Mit der Fähre »Hal över« können Fußgänger und Radfahrer die Weser überqueren, am Sandstrand liegen und entspannen oder in den Biergärten und Cafés am Fluß die Seele baumeln lassen.

The »Hal över«-ferry takes both hikers and bikers across the Weser, where they enjoy the sandy beaches or the refreshments at the beer-gardens and cafés.

Peatones y ciclistas pueden usar la balsa »Hal över« para cruzar el río y tirarse en la playa o relajarse en un bar o un café a orillas del Weser.

Les piétons et les cyclistes peuvent traverser la Weser sur le petit bachot »Hal över«. Arrivés à l'autre côté, c'est la détente sur la plage ou sur les terrasses des cafés.

Café Sand

Direkt am Fluß liegt das Weserstadion, Heim des bekannten Fußballvereins »Werder Bremen«.

Situated on the northern bank of the river lies the Weser Stadium, home of »Werder Bremen«, the well-known soccer team.

Situado directamente al lado del río está el estadio »Weser«, donde tiene su domicilio »Werder Bremen«, el famoso equipo de fútbol.

Le stade de la Weser est situé sur les bords de la rivière. C'est le domicile de »Werder Bremen«, une équipe de football bien connue.

Die holländische Galeriemühle am Wall ist die einzige von ehemals zwölf Mühlen, die erhalten geblieben ist.

Built to a model from Holland, this windmill on one of the former bastions is the only one left of formerly twelve.

El molino holandés en el »Wall« es el único que ha permanecido intacto de doce que había anterior-mente.

Le Moulin à Vent hollandais dans le Parc des Remparts est l'unique »survivant« des 12 moulins d'autrefois.

1886–89 schuf der Architekt Hubert Stier den heutigen Bahnhof.

Built in 1886–89 by Hubert Stier, Bremen's Central Station ranks among the most beautiful constructions of its kind.

Entre 1886 y 1889 el arquitecto Hubert Stier creó la actual Estación Central.

La gare centrale de Brême – de l'architecte Hubert Stier – est construite de 1886–89.

Rechts: Im 1896 eröffneten Kolonialmuseum wurden einst Fund- und Raubstücke aus aller Herren Länder gezeigt. Heute bemüht sich das inzwischen in Überseemuseum umbenannte Haus um Völkerverständigung und um eine moderne Vermittlung fremder Kulturen.

Right: When the Colonial Museum opened in 1896, it showed objects found in and stolen from various countries all over the world. Today, the Überseemuseum tries to give a more friendly presentation of foreign cultures and to support the understanding of nations.

A la derecha: En el Museo Colonial, inaugurado en 1896, se mostraban antiguamente objetos descubiertos o robados en casi todo el mundo. Hoy, el Museo, que cambió su nombre a Museo de Ultramar intenta ayudar a la aproximación de los pueblos e informar sobre otras culturas en una forma más adecuada.

A droite: Le Musée colonial, inauguré en 1896, montrait autrefois des objets trouvés ou volés du monde entier. Aujourd'hui appelée »Überseemuseum« (musée d'outremer), cette institution se consacre surtout à la compréhension des peuples et aux échanges culturels.

ozeanien

Hinter dem Bahnhof liegt die Bürgerweide. Alljährlich findet hier der Freimarkt statt, die »fünfte Jahreszeit« Bremens.

The »Bürgerweide« behind the station is the site of the »Freimarkt« amusement park every autumn.

Detrás de la Estación se encuentra la plaza »Bürgerweide«. Cada año se festeja aqui la gran feria del »Freimarkt«, llamada la quinta estación del año.

Les Brêmois parlent de la »cinquième saison« lorsque a lieu le »Freimarkt« (Kermesse d'automne) sur la »Bürgerweide«, terrain situé derrière la gare.

Das Universum in der Nähe der Universität ist eine neue Attraktion in Bremen. Wie eine Auster wölbt sich das mit Titanplatten verkleidete Gebäude über einen kleinen See. Im Inneren verbirgt sich ein raffiniert gestaltetes Wissens- und Mitmachmuseum zu den Themen Mensch, Erde und Universum.

Das Universum near the University is a new attraction in Bremen. Like an ulster the titan-panelled building arches over a small lake. Inside it hides a cleverly designed museum which offers the possibility of active participation and invites the visitor to experience some valuable knowledge on the subjects of man, earth and universe.

Das Universum, à proximité de l'université, est une nouvelle attraction à Brême; Le bâtiment, habillé de plaque en titane, forme, comme une huîte, une voûte audessus d'un petit lac. A l'intérieur, conçu de manière raffinée, se cache un musée de la connaissance avec le moyen de participations concrètes par le visiteur sur les thèmes de l'Homme, la Terre et l'Univers.

El llamado »Universo« que está cerca de la universidad es una nueva atracción en la ciudad de Bremen. Como una ostra el edificio revestido de titán se arquera sobre un pequeño lago. En su interior se encuentra un museo ofreciendo al público un programa para una participación activa para obtener conocimientos en el ámbito »el hombre«, »la tierra« y »el universo«.

Der mecklenburgische Gartenbaumeister Wilhelm Benque schuf ab 1877 den Bürgerpark, eine weiträumige Anlage mit Cafés, Seen, Spielplätzen und kunstvollen Ruhebänken.

In 1877, the landscape designer Wilhelm Benque transformed the former public meadows into the »Bürgerpark«, a vast park with cafés, lakes, playgrounds and many places inviting for a rest.

En 1877 el arquitecto paisajista mecklenburgués Wilhelm Benque empezó a crear el »Bürgerpark« (Parque municipal). Es un terreno muy extenso, con lagos, cafés, campos de juego y bancos hechos con mucho arte.

Le maître-jardinier du Mecklenbourg, Wilhelm Benque, créa à partir de 1877 le Parc des Citoyens, une plantation spacieuse avec des cafés, des lacs, des terrains de jeux et des bancs de repos, conçue avec beaucoup d'art.

Im 19. Jahrhundert zog es die wohlhabenderen Bürger vor die Tore der Stadt. In den Vorstädten entstanden die für Bremen typischen Häuserzeilen mit ihren ansprechenden Fassaden.

Whoever could afford it, moved beyond the historical city gates in the 19th century. By and by the typical rows of houses with their pretty Victorian facades were created.

En el siglo 19 los habitantes adinerados decidieron mudarse fuera de las puertas de la ciudad. En los suburbios surgieron por primera vez estas casas con sus bonitas fachadas, hoy tan tipicas de Bremen.

Au 19e siècle, les Brêmois aisés déménageaint hors de la Ville. Dans les faubourgs, ils se firent construire des maisons alignées typiques, aux belles façades.

Reichere Kaufleute schufen sich repräsentative Stadtvillen. Viele dieser großzügigen Gebäude finden sich noch heute inmitten der Wohnquartiere.

The wealthy merchants would build representative city villas. Many of these can still be seen in the various living quarters.

Los comerciantes más ricos se construyeron villas amplias y lujosas. Muchas de ellas se encuentran aún en medio de barrios residenciales.

Les commerçants riches se firent construire de grandes villas dans la cité. Beaucoup d'entre elles se trouvent encore dans les quartiers résidentiels.

Das »Viertel« gilt für viele als das Herz Bremens. In den 70er Jahren war das gesamte Quartier vom Abriß bedroht, heute ist durch Restaurierung, Instandsetzung und behutsame Neubauten einer der schönsten Stadtteile Bremens entstanden.

The area east of Ostertor city gate is simply called »The Quarter« and is believed by many to be the true heart of Bremen. Saved from destruction in the 1970s, careful restoration turned it into one of the most beautiful areas of the city.

»El Barrio« es el verdadero centro de Bremen. En los años '70 el distrito, formado por los barrios Steintor y Ostertor, estaba amenazado de ser derribado. Hoy, mediante renovaciónes, restablecimientos y nuevas construcciónes que no han roto el estilo, es uno de los distritos más hermosos de Bremen.

Pour la plupart des Brêmois le »Viertel« est le coeur de la ville. Dans les années 70, ce quartier était menacé de démolition totale. Aujourd'hui il est devenu un des plus beaux quartiers de Brême après sa restructuration et sa réparation, ainsi qu'avec ses maisons modernes qui s'intègrent pleinement dans l'ensemble.

Wintervergnügen.

Links: Auch die Bremer haben den Karneval entdeckt: Ob Karne-Walle im Ortsteil Walle, der Pappnasenumzug in Gröpelingen oder wie hier der Karneval im »Viertel«: Es geht bunt, laut und fröhlich zu.

Joys of winter.

Left: The Bremeners, too, have discovered their knack for the carnival. Be it in Walle, in Gröpelingen, or in the »Quarter«: The parades are colourful, loud, and cheerful.

Placeres de invierno.

A la izquierda: Tambien los bremenses han descubierto el carnaval como algo muy divertido de celebrar. Sea el »Karne-Walle« (llamado así por el distrito Walle), el desfile en el barrio Gröpelingen, o el carnaval en »El barrio«, siempre es una fiesta animada, alegre y ruidosa.

Plaisirs d'hiver.

Même les Brêmois ont découvert le carnaval: qu'il s'agit de »Karne-Walle« au quartier de Walle, le défilé des masques en papier-maché à Gröpelingen,où bien comme sur la photo du carnaval au »Viertel«: ambiance multicolore, bryuante et gaie.

Die Innenstadt mit ihren zahlreichen Läden und Kaufhäusern ist ein Anziehungspunkt für ganz Norddeutschland. Die neue Lloyd-Passage verbindet die beiden größten Kaufhäuser der Stadt.

The shopping areas of the city centre attract customers form all over Northern Germany. The Lloyd Passage links the two major shopping centres of Bremen.

El centro de la ciudad con su variedad de tiendas y grandes almacenes es una atracción para todo el norte de Alemania. El nuevo pasaje »Lloyd« comunica los dos almacenes más grandes de la ciudad.

Le Centre ville avec ses innombrables magasins est un point d'attraction pour toute l'Allemagne du Nord. Le »Lloyd Passage« relie les deux plus grands magasins de la ville.

Das Kongreßzentrum an der Bürgerweide ist ein herausragendes Beispiel modernen Bauens in Bremen. Die postmoderne Innenarchitektur begeistert mit ihrer spielerischen Eleganz.

The Congress Centre at Bürgerweide is another remarkable example of modern architecture in Bremen. Especially its post-modern interior design fascinates with its playful elegance.

Un ejemplo notable de arquitectura moderna en Bremen es el Centro de Congresos en la plaza Bürgerweide. La arquitectura de interiores postmoderna fascina por su elegancia.

Le Palais des Congrès sur la Bürgerweide est un exemple remarquable d'architecture moderne à Brême. La décoration de l'intérieur en style post-moderne attire par son élégance folâtre.

Mercedes ist der größte Arbeitgeber für Bremen. Im Werk bei Hemelingen werden verschiedene Typen auf modernsten Produktionsstraßen gebaut.

Flugzeugbau hat in Bremen Tradition. Schon vor dem Ersten Weltkrieg unternahm der Flugpionier Heinrich Focke Flugversuche am Osterdeich. Später gründete er die Focke-Wulf-Werke, deren Nachfolger heute die DASA ist.

Mercedes-Benz is the largest employer in Bremen. At the Hemelingen works, many models of Mercedes cars are assembled on modern production lines.

Aircraft production has a long tradition in Bremen. Before World War I, the pioneer Heinrich Focke started his first aviation tests on Osterdeich, later he founded the Focke-Wulf Aircraft factory whose successor is today's DASA works.

El empresario mas importante en Bremen es Mercedes-Benz. En la fábrica en el barrio Hemelingen se producen diferentes tipos de vehículos con equipos de producción de lo mas moderno.

La construcción aeronáutica tiene tradición en Bremen. Ya antes de la primera guerra mundial el pionero de la aviación Heinrich Focke realizó pruebas de vuelo en el Osterdeich. Más tarde fundó la empresa Focke-Wulf, cuyo sucesor es la DASA.

Mercedes est le plus important employeur à Brême.Dans l'usine à Hemelingen des types de voitures différentes sont assemblés sur des chaînes de montage.

La construction aéronautique est une tradition à Brême. Déjà avant la première guerre mondiale, le pionnier de l'aviation Heinrich Focke entreprit des essais au Osterdeich. Plus tard, il créa les usines Focke Wulf, dont le successeur aujourd'hui s'appelle la DASA.

Der Flughafen in Bremen nennt sich neuerdings Airport und hat sein Angebot und seine Kapazitäten entsprechend erweitert.

Bremen's airport is very close to the city's centre and offers a convenient and comfortable facilities both for general aviation and the large carriers.

El aeropuerto de Bremen se llama ahora orgullosamente airport, conforme a lo cual ha ampliado su capacidad y servicio.

L'Aérodrome de Brême, dénommé »Airport« depuis peu, a élargi son offre et ses capacités.

Bremen ist auch Universitätsstadt. Neben den traditionellen Geisteswissenschaften entstand ein Technologiezentrum, dessen Wahrzeichen der Fallturm ist. In dem 120 Meter hohen Turm wird Schwerelosigkeit simuliert.

The University of Bremen does not only offer the traditional liberal arts, it also focuses on modern technology. The »Fall Tower« at the Technology Centre provides 120 metres of zero-gravity test track.

Bremen es también una ciudad universitaria. Aparte de las ya tradicionales ciencias filosóficas se creó un centro tecnólogíco, con el Fallturm como signo característico. En esta torre de 120 metros de altura se simula la ingravidez.

Brême est également une ville universitaire. A côté des sciences humaines traditionnelles, il a été créé un centre de technologie symbolisé par le »Fallturm« (tour de la chute libre). Dans cette tour de 120 mètres de haut, on procède à la simulation de l'anti-gravité.

Im Neustadthafen entstand in den 80er Jahren ein moderner Container-Terminal. Fast der gesamte Hafenumschlag wird unterdessen im Containerverkehr abgewickelt.

A modern container terminus was built at Neustadt harbours in the 1980s. Nowadays, virtually all cargo is transported in those standardized boxes.

En los años '80 se construyó un nuevo y moderno terminal de contenedores en el barrio Neustadt (ciudad nueva). Casi todo el trasborde de cargas se realiza actualmente en trafico de contenedores.

Dans les années 80 s'est établi dans le Port de la »Neustadt« un terminal moderne pour containers. Entretemps, c'est presque la totalité du transbordement dans le port qui s'effectue par containers.

Worpswede ist ein beliebtes Ausflugsziel für Bewohner und Besucher Bremens. Der Barkenhoff, der einstige Wohnsitz des Malers Heinrich Vogelers, beherbergt heute ein Museum und ein Atelier für junge Nachwuchskünstler.

Worpswede is a favourite goal for excursions both for the Bremeners and their guests. The painter Heinrich Vogeler was the owner of Barkenhoff manor which serves as a museum and an atelier for young artists.

El pueblo de »Worpswede« es un lugar de recreo muy frecuentado tanto por turistas como por los habitantes de Bremen. En el »Barkenhoff«, antes domicilio del pintor Heinrich Vogeler, se encuentran instalados un museo y un estudio para jóvenes artistas.

Les habitants et les visiteurs de Brême aiment se promener à Worpswede. Le Barkenhoff, ancienne résidence du peintre Heinrich Vogeler, est aujourd'hui un musée et un atelier pour des jeunes artistes.